Kurt Tepperwein

IM EINKLANG MIT DEM UNIVERSUM

Die geistigen Gesetze verstehen und das eigene Glück manifestieren

mvgverlag

Im Einklang mit dem Universum

Glück widerfährt jedem Menschen, der die geistigen Gesetze für sich entdeckt und es versteht, sie gezielt und Erfolg bringend für sein Leben zu nutzen. Die Erdanziehungskraft ist ein physikalisches Gesetz, und wir können sie erkennen, wenn wir beobachten, wie Gegenstände in unserem Alltag herunterfallen. Wie sich die Anziehung der universellen Gesetze auf uns auswirkt, bleibt jedoch unsichtbar. Sie beeinflussen unser Dasein vollumfänglich.

Der Ursprung

In der Tabula Smaragdina, einer der größten und ältesten Einweihungsschriften (Schriften, die den Menschen eine Sicht auf das große Ganze offenbaren) der Menschheit, bringt uns Hermes Trismegistos einen kostbaren Wissensschatz nahe. Lange nahm man an, dass der Verfasser der hermetischen Schriften tatsächlich lebte. In Wahrheit aber war er eine Göttergestalt, eine synkretistische Verschmelzung von Hermes (griechischer Gott; u.a . von Reisenden und der Rhetorik) mit Thot (ägyptischer Gott; u. a. vom Mond und der Wissenschaft). Die universellen Lebensgesetze nach Hermes Trismegistos umfassen sieben einfache Gesetze des Lebens, die als Lebensprinzipien zu verstehen sind. Und es gibt noch weitere ungeschriebene Gesetze, die aus diesen Gesetzen hervorgehen und dem Leben eine neue Bedeutung

Bibliografische Information der Deutschen Nationalbibliothek
Die Deutsche Nationalbibliothek verzeichnet diese Publikation in der Deutschen Nationalbibliografie. Detaillierte bibliografische Daten sind im Internet über https://dnb.de abrufbar.

Für Fragen und Anregungen
info@m-vg.de

Wichtiger Hinweis
Ausschließlich zum Zweck der besseren Lesbarkeit wurde auf eine genderspezifische Schreibweise sowie eine Mehrfachbezeichnung verzichtet. Alle personenbezogenen Bezeichnungen sind somit geschlechtsneutral zu verstehen.

6. Auflage 2024,
ein Imprint der Münchner Verlagsgruppe GmbH
Türkenstraße 89 | 80799 München
Tel.: 089 651285-0 | Fax: 089 652096

Umschlaggestaltung und Layout: Manuela Amode
Abbildungen Umschlag und Innenteil: depositphotos/kotokomi, OlgaOsa
Satz: feschart print- und webdesign, Michaela Röhler, Leopoldshöhe
Druck: Longo AG, Italien
Printed in EU
ISBN Print 978-3-7474-0422-5

Weitere Informationen zum Verlag finden Sie unter
www.mvg-verlag.de | www.m-vg.de

Der Mensch ist ein großartiges Wesen, das viel mehr kann, als es annimmt und denkt. Seine wahre Identität übersteigt jegliches Vorstellungsvermögen, denn seine Sinne sind nur ein Bruchteil von Fähigkeiten, die ihm tatsächlich zur Verfügung stehen. Ich lege dir hiermit ein Werkzeug in die Hand. Nutze es bedacht und stetig, damit du dich bald an einem Kunstwerk erfreuen kannst.

Mit herzlichen Grüßen
Kurt Tepperwein

Weitere Infos zu Ausbildungen, Heimlehrgängen, digitalen Seminaren, CDs, Büchern und weiteren Produkten findest du hier:
www.iadw.com

und Würze verleihen, sofern man sie respektiert und beachtet.

Das Leben annehmen

Die Gesetze scheinen nicht nur in Vergessenheit geraten zu sein, sondern nahezu unnahbar. Wer sich ihnen annähert, erfährt, dass die Bedeutung dieser Grundsätze im wahrsten Sinne des Wortes unfassbar ist. Es ist möglich, die geistigen Gesetze zu erleben und mit ihrer Hilfe das eigene Glück zu manifestieren. Dazu müssen sie nicht verstanden, sondern mit einem reinen Herzen vernommen werden.

Mit dem Universum im Einklang zu sein, bedeutet, das Leben anzunehmen, es zu bejahen und das Beste daraus zu machen. Die Umstände sind nie schlecht, es ist nur die begrenzte Sicht, die bei unangenehmen Aufgaben eine Sackgasse vermuten lässt. Schlussendlich zählen Art und Herangehensweise, um Gegebenheiten zu wandeln und Situationen zu meistern. Jeder befindet sich in einer anderen Position und doch können wir alle etwas ändern. Wir haben die Möglichkeit, mit den uns zur Verfügung stehenden Mitteln die Weichen neu zu stellen.

Die Macht der Gedanken

Wer den universellen Gesetzmäßigkeiten in seinem Leben Platz macht, erfährt einen Gleichklang, der Umstände sortiert und erneuert. Es geht darum, Ordnung zu schaffen, was vorraussetzt, dass man dazu bereit ist, die Unordnung zu beenden. Diese beginnt im Kopf, in Gedanken

mit ihr gehen sollten. Eine alte Fabel berichtet von zwei Löwen, die im Meer von großen Wellen erfasst wurden. Der eine überwand seine Angst, fasste Vertrauen und ließ sich mit den Wellen treiben. Der andere kämpfte gegen sie an. Als beide später am Strand lagen, war der Löwe, der sich den Wellen hingab, unversehrt geblieben und der andere schwerverletzt worden. Der unversehrte Löwe tröstete seinen Freund und sprach ihm gut zu. Da sagte dieser: »Nicht die Wellen, sondern mein Widerstand hat mir das Rückgrat gebrochen.«

Du siehst also, Mut wird belohnt und Vertrauen führt dich nie in die Irre. Alles, was geschieht, hat immer mit unserem Verhalten und unserer Haltung zu tun. Erkennen wir uns selbst, können wir auch den wunden Punkt der Lebenskrise entdecken.

sie nicht kennen, können wir sie natürlich nicht nutzen. Entdecken wir sie mithilfe der Karten in uns, haben wir die Möglichkeit, unser Leben positiv zu beeinflussen und ihm eine spezifische Richtung zu geben. Es geht nicht darum, Probleme zu umgehen, Sorgen zu unterdrücken oder Ängste loszuwerden. Es geht darum, sie aus einem anderen Blickwinkel zu betrachten. Wer Schwierigkeiten neutral gegenübertritt, kann erkennen, wo sie ihren Ursprung haben.

Was die innere Haltung bewirken kann

Aristoteles sagte einst: »Du kannst den Wind nicht ändern, aber die Segel anders setzen.« Das bedeutet, dass wir uns jeder Lebenslage anpassen und

und Vorstellungen, und spiegelt sich letztendlich im Verhalten und in den Lebensumständen wider.
In der heutigen Zeit haben viele Menschen die Orientierung und den Zugang zu ihrem Ursprung verloren. Aber es gibt Wege, die uns aus der Trostlosigkeit, der Angst und der Verzweiflung führen. Immer wieder gab es Meister und Schriften, die ihr Wissen in die Welt hinaustrugen. Wenn die Zeit reif ist, finden sie uns.
Es mag sein, dass wir lange Zeit blind waren für die Wirklichkeit, aber jetzt ist der Zeitpunkt gekommen, um zu unserem Ursprung zurückzukehren, und zwar zu uns selbst: der Menschlichkeit. Wer sich mit Überzeugung dem annähert, was in uns allen vorhanden ist, kann diese Größe entdecken. Sie wartet nur darauf, von uns aufgespürt zu werden. Jedem Men-

schen ist es möglich, zu erwachen und weit über seine Grenzen hinauszugelangen. Wir sind alle dazu aufgerufen, diesen Schritt zu wagen. Es gibt unendlich viele Hilfsmittel, die uns auf dem Weg der Selbsterkenntnis zur Verfügung stehen. Eines davon sind die universellen Gesetzmäßigkeiten, die uns der Autor in diesem Kartenset in seiner eigenen Art und Weise leicht verständlich nahebringt.

Wie dieses Kartendeck funktioniert

Jeden Tag können wir eine Karte ziehen und sie uns zum Ziel setzen, ihre Essenz umsetzen und leben. Wir können uns dazu Gedanken machen und niederschreiben, was wir dabei fühlen. Gehen wir mit der jeweiligen Karte

in Resonanz oder lehnen wir sie ab? Was lösen die Worte in uns aus? Entsteht ein gutes Gefühl, Ablehnung oder stoßen die Wortimpulse gar auf Unverständnis? Es gibt so viel zu entdecken und aufzudecken!
Der Inhalt der Karten richtet sich an alle Menschen, die nach der einen Wahrheit suchen und wissen, dass die eigene Wahrheit lediglich eine von vielen ist. Wer auf der Suche nach seinem wahren Wesen und dem Licht der Befreiung ist, ersetzt seine Unwissenheit durch Einsicht. Jedes der universellen Gesetze sowie daraus resultierende Gebote sind ein grundlegendes Prinzip, das Einfluss auf unser Leben nimmt. Die Gesetze wirken aufgrund der Erdgebundenheit auf alle Lebewesen ein. Was spricht dagegen, sie uns zunutze zu machen, anstatt sie zu missachten? Wenn wir

Kurt Tepperwein

Stärke deine Intuition

55 Impulse für mehr Zufriedenheit
und Selbstvertrauen

57 Karten | Kartendeck

ISBN: 978-3-7474-0334-1

Unsere Intuition ist der innere Wegweiser, der uns im Leben den Schubs in die richtige Richtung gibt. Dazu müssen wir unserer inneren Stimme allerdings Gehör schenken und uns selbst vertrauen, anstatt uns von außen verunsichern zu lassen. Kurt Tepperwein, Bewusstseinsforscher und Bestsellerautor, zeigt in diesem Kartendeck mithilfe von 55 inspirierenden Impulsen, wie du deine Intuition bewusster wahrnimmst und lernst, ihr zu folgen. Jede Karte stärkt das eigene Bauchgefühl und schenkt mehr Achtsamkeit, Selbstvertrauen und Lebensfreude.

Jeder Tag steckt voller kleiner Glücksmomente, die Kraft geben und das Leben bereichern und verschönern. Doch sie im Hier und Jetzt zu erkennen und sie bewusst zu genießen, dafür ist unser Alltag oft zu hektisch und unsere Zeit zu knapp. Der Erfolgscoach Kurt Tepperwein versammelt in diesem Kartendeck 55 starke Impulse, mit denen du dein Glück sogar in den kleinsten Dingen finden kannst. Denn es fehlt oft nur ein winziger Anstoß, um deinen inneren Kompass auf das zu richten, was dir guttut und dein Leben erfüllt. Es ist an der Zeit, dass du wirklich glücklich bist!

ANFANG

Das Prinzip vom Anfang erscheint widersprüchlich. Alles habe einen Anfang und ein Ende, sagt der Mensch. Doch wahrlich hat nie etwas begonnen. Somit kann es auch kein Ende geben. Alles ist ein ständiger Neubeginn. Er ist das stete Fließen der einen ordnenden Kraft.

Ich stehe immer am Anfang. Ich beginne jeden Tag aufs Neue, nichts ist gleich. Jeder Augenblick ist frisch und lebendig und animiert mich zum Mitmachen. Ich erfreue mich am unentwegten Beginnen, das ich mit Dankbarkeit annehme und erfülle.

ANALOGIE – ALLES IST IN ALLEM

Das Prinzip der Analogie besagt, dass es überall Gegensätze gibt, die im eigentlichen Sinn übereinstimmend sind. Wie oben, so unten, wie im Innen, so im Außen, wie im Makrokosmos, so im Mikrokosmos – die Perfektion der Trennung ist im Kern eins.

Ich lebe im Bewusstsein der Polaritäten und bin mir dessen bewusst. Ich gehe gesammelt durchs Leben und achte auf Ausgleich. Ausgleichend zu leben bedeutet auch versöhnend zu leben, in Balance und vorausschauend zu sein. Ich lebe ganz in und aus meiner Mitte.

AUGENBLICK

Das Prinzip des Augenblicks besagt, dass nur dieser eine Moment zählt. Es ist immer jetzt. Das Gestern mündet darin und das Morgen liegt darin begründet. Was du jetzt erlebst, fühlst oder denkst, formt deine Zukunft, die immer nur jetzt stattfinden kann. Lebe im Augenblick.

Ich fülle den Augenblick mit wertvollem Inhalt und genieße ihn in vollen Zügen. Ich löse mich von all den Missverständnissen, die nur im Früher oder Später existieren. Der Augenblick ist ein stiller Zeuge meines Daseins, der immer gleichbleibend ist.

AUFMERKSAMKEIT

Das Prinzip der Aufmerksamkeit bestimmt deinen Lebensinhalt. Womit du dich beschäftigst, entscheidet über Wohlgefühl oder Unwohlsein, über Fülle oder Leere. Die Aufmerksamkeit, die sich durch Ablenkung zerstreut, wird Unruhe und Unzufriedenheit erzeugen.

Ich richte meine Aufmerksamkeit
immer wieder neu aus und lenke sie in
wertvolle und befriedigende Bahnen.
Von unnützen Gedanken
und Beschäftigungen sehe ich ab.
Ich beobachte, den Weg meiner
Gedanken, und wenn ich abschweife,
besinne ich mich auf den Moment.

ARBEIT

Das Gesetz der Arbeit besagt, dass jeder seine Arbeit zu erledigen hat, und zwar stetig und gewissenhaft. Gib immer dein Bestes und sei mit ganzem Herzen bei der Sache. Mit einer großen Portion Freude geht alles leicht von der Hand.

Meine Arbeit fühlt sich gut an und bewirkt Gutes. Ich erledige sie mit Freude. Danke, dass ich arbeiten darf und dazu in der Lage bin. Keine Arbeit ist gut oder schlecht, sondern immer eine Aufgabe, die ich mit Wohlwollen erledige.

ANZIEHUNG

Das Gesetz der Anziehung besagt, dass Gedanken dein Leben formen. Du ziehst das an, was du durch dein Denken und Fühlen verursachst. Das besagt auch das Gesetz von Ursache und Wirkung. Anders kann es nicht sein. Du weißt ja, was du dem Berg zurufen musst, damit ein Echo mit »Hallo« ertönt!

Ich bin mir bewusst, dass alles, was ich ausgesandt habe, in irgendeiner Form zu mir zurückkehren wird. Deshalb achte ich noch sorgfältiger auf den Inhalt meiner Gedanken. Nie mehr will ich durch unüberlegtes Handeln jemanden verletzen.

AUSDAUER

Das Prinzip der Ausdauer hat auch etwas mit Disziplin und Geduld zu tun. Wer ausdauernd ist, hat einen langen Atem. Er hat die Muße, die Dinge sich entwickeln zu lassen, und beobachtet die Dynamik des Lebens still und weise.

Ich kompensiere nichts. Wenn etwas fertig ist, ist es fertig. Ich tue alles mit Bedacht, bis es wirklich stimmt. Ich gebe mich meinen Aufgaben hin und erledige sie gewissenhaft und mit Liebe. Dann wird mein Bemühen belohnt und ein grandioser Lohn zur Selbstverständlichkeit.

AUSGEWOGENHEIT

Das Prinzip der Ausgewogenheit besagt, dass alles im Gleichklang ist, wenn es sich die Waagschale hält. Achte auf Ausgewogenheit, und zwar in allen Lebensbereichen. Alles soll sorgfältig abgestimmt und in seiner Mitte sein.

Ich achte auf mein Bauchgefühl. Alles hat seine Zeit, seinen Platz und seine eigene Dynamik, dessen bin ich mir gewahr. Ich bin mit meinen Gedanken und Aktivitäten im Einklang und achte darauf, dass ich mich auch ausgewogen bewege und ernähre. So bin ich in meiner Balance und fühle mich wohl.

BEHARRLICHKEIT

Das Prinzip der Beharrlichkeit besagt, dass sie uns reich beschenkt. Dafür muss man aber kein bestimmtes Ziel verfolgen, denn es gibt so viele Möglichkeiten, die uns bereichern können, an die wir noch gar nicht gedacht haben. Erwarte nichts, sondern bleibe dran und dann staune, womit dich das Leben beschenkt.

Es geht nicht darum, mit Beharrlichkeit einen gewünschten Erfolg zu erzielen, sondern alle möglichen Folgen anzunehmen, auch die, die ich mir nicht vorstellen kann. Ich setze Ursachen, gebe mein Bestes und tue alles, was ich kann. Was auch immer dann kommt, nehme ich dankbar an.

ACHTSAMKEIT

Das Prinzip der Achtsamkeit führt zu Gelassenheit. Stress und Druck ziehen an dir vorbei, wenn du dich nicht in Ablenkungen verlierst. Weil sich das Denken ständig in der Zukunft oder der Vergangenheit bewegt, werden wir unrund. Das Heilmittel lautet: Achtsamkeit.

Heute bin ich achtsam und lasse meine
Gedanken nicht zügellos umherirren.
Auch achte ich auf ein bewusstes
Handeln. Schweife ich dennoch ab,
kehre ich bewusst zu mir zurück.
Besonnenheit und volle geistige Präsenz
helfen mir dabei.

GEGENSÄTZE

Das Gesetz der Gegensätze besagt, dass Verschiedenheit notwendig ist: Ein Kalt ohne Heiß, Alt ohne Neu, Oben ohne Unten und Hell ohne Dunkel existiert nicht. Schaue über Gegensätze hinweg und pendle dich in der Mitte der Polaritäten ein.

Ich nehme jedes Tief dankbar an und bin mir bewusst, dass das Hoch schon in den Startlöchern steht. Ich lasse meine Laune nicht von diesen Wechselwirkungen beeinflussen, da das Leben nun mal so ist, wie es ist. Leben ist wie eine Achterbahn. Ich genieße die Fahrt und lasse sie geschehen.

GEDANKEN

Das Prinzip der Gedanken ist ein besonderes Gesetz, denn es gestaltet dein Leben. Gedankenkräfte sind formende Kräfte, die als Ereignis sichtbar und erlebbar werden. Jeder zielgerichtete Gedanke manifestiert sich. Beklage dich nicht, sondern gehe achtsamer mit deinem Gedankengut um.

Ich bin mir der Kraft der Gedanken voll bewusst. Ich pflege ein liebevolles Denken im Umgang mit mir selbst und mit meinen Mitlebewesen. Ich sende gute Gedanken in die Welt und trage damit etwas dazu bei, dass sie liebevoller wird und genesen kann.

FÜLLE

Das Prinzip der Fülle besagt: In der Leere ist Fülle und in der Fülle ist Leere. Diese Leere ist nie nichts, sondern mehr, als du dir je vorstellen kannst. Fülle ist überall, auch dort, wo du sie nicht vermutest. Schau hin, damit sie wahrnehmbar wird, denn sie wohnt jedem und allem inne.

**Ich bemühe mich um Innigkeit.
Ich lasse mich von Begegnungen nicht mehr täuschen und blicke hinter die Gegebenheiten. Ich fühle in die Tiefen des Menschen hinein und erkenne dort: Liebe! Mich selbst!
Danke, dass ich das erfahren darf.**

FREIHEIT

Das Gesetz der Freiheit obliegt dem höchsten Willen. Der persönliche Wille folgt immer dem höchsten Willen, und nichts, was nicht sein soll, geschieht. Den Raum der inneren Freiheit betritt der, der über Gedanken hinausgelangt ist und sich von Weltlichem weder beeinflussen noch beirren lässt.

Inmitten der Herausforderungen des Alltags suche ich Zuflucht in mir selbst. Ich entscheide mich für den inneren Frieden. In diesem inneren Raum bin ich eins mit mir selbst und den Gegebenheiten, lebe losgelöst von persönlichen Belangen.

EVOLUTION

Das Prinzip der Evolution ist ein ungeschriebenes Gesetz. Es besagt, dass du auf der Erde bist, um dich zu entwickeln. Alle Erfahrungen dienen deiner Entfaltung, um aus deinem Kokon zu schlüpfen und deine spirituelle Herkunft wiederzuentdecken.

Ich nehme meine Aufgabe bewusst wahr und bereite mich innerlich auf die Rückkehr zu mir selbst vor. Es gibt nichts Wichtigeres, als meinen Ursprung zu erforschen. Alles andere ist aber nicht unwichtig. Es lebt sich von selbst, da ich es fließen lasse und keine Unordnung mehr schaffe.

ERWARTUNGEN

Das Prinzip der Erwartungen besagt, dass sie die Ursache für Enttäuschungen sind. Wozu etwas erwarten, wo doch alles seine Richtigkeit hat? Wenn alles seinen Lauf nimmt und ohnehin nicht zu ändern ist, wozu auf etwas anderes schielen?

Ich bin zufrieden mit dem, was ich habe, und kümmere mich nicht um das, was ich nicht habe. Ich erwarte nichts, dann kann mich auch nichts enttäuschen. Enttäuschungen sind heilsam. Sie zeigen mir die Schwäche auf, mit den Umständen nicht einverstanden zu sein. Alles ist gut, wie es ist.

ERFOLG

Das Prinzip des Augenblicks besagt, dass alles Erfolg ist. Wir setzen in jedem Moment Ursachen, denen Wirkungen folgen. Der Erfolg ist eine Auswirkung, jede Wirkung ist ein Erfolg.

Ich bin mir bewusst, dass ich immer erfolgreich bin. Ständig erfolgt das, was ich ins Leben hineingebe. Ich bin weder Gewinner noch Verlierer, nur Empfänger einer Saat. Ich achte darauf, was ich säe, und lehne das, was ich irrtümlich als Misserfolg erachte, nicht ab. Daraus kann ich lernen, und diese Erfahrung ist genauso wertvoll, wie alle anderen.

ENTSPRECHUNG

Das Prinzip des Augenblicks besagt, dass alles unsere Entsprechung ist. Was auch immer geschieht, entspricht uns, weil das, was geschieht, ein unsichtbares Gegenstück ist. Das, was dir widerfährt, ist eine Spiegelung deines Selbst und kann nicht anders sein, als es gerade ist.

Ich bin mir bewusst, dass alles, was mich umgibt, auch in mir vorhanden ist. Was innen ist, ist außen! Diese universelle Weisheit und Gegebenheit halte ich mir vor Augen, bevor ich das nächste Mal ein Urteil fälle. Ich schaue zuerst mich an und bringe mich und mein Leben in Ordnung.

ENERGIE

Das Prinzip der Energie besagt, dass alles fließt. Alles ist Energie, alles ist in Bewegung, nichts steht still. Der universellen Lebenskraft verdankst du jegliches Tun, deinen Alltag und dein Sein. Sie ist immer vorhanden. Wenn du deine Aufmerksamkeit nach innen lenkst, bist du ihr nah.

Ich lenke meine ganze Aufmerksamkeit auf mein Herz und richte mich neu aus. Herzenskraft ist Lebenskraft, und mein Antrieb ist meine Stärke. Ich vertraue auf den Fluss, der mir Energie und Tatenkraft schenkt.

EINHEIT – ALLES IST EINS

Das Prinzip, dass alles eins ist, ist die Grundlage allen Seins. Es besagt, dass Verschiedenheit und Trennung nicht wirklich existieren. Das eine, dass als vieles hervorging, um sich selbst zu erfahren, mag unterschiedliche Erscheinungsformen haben, aber in seinem Ursprung ist alles gleich.

Ich bemühe mich, alte Standpunkte und eingefahrene Überzeugungen abzulegen und mit dem Herzen zu sehen. Meine Augen sehen Verschiedenes, aber tief in mir fühle ich Einheit. Danke, dass sich meine Fehlsicht durch Einsicht korrigiert.

DISZIPLIN

Das Gesetz der Disziplin besagt: Wer sich nicht gehen lässt und seine Zeit nicht vertrödelt, wird vom Leben reichlich belohnt. Ohne Disziplin kannst du deiner Lebensaufgabe nicht gerecht werden, dein wahres spirituelles Dasein will erforscht und ergründet werden.

Ich optimiere meinen Lebensrhythmus, indem ich mir eine Liste erstelle, wo es mehr Struktur und Einsatz braucht. Aber nicht nur in irdischen Belangen, sondern auch in seelischen Gefilden schaue ich nach, wo Handlungsbedarf nötig ist, und beginne mit der Umsetzung.

DANKBARKEIT

Das Prinzip der Dankbarkeit ist eine mächtige Kraft, die es dir erlaubt, zur Liebe zurückzukehren. Wenn du deine Umstände akzeptierst und mit ihnen im Reinen bist, verändern sie sich ohne Zutun spielerisch ganz von selbst. Du brauchst keinen Grund, um dankbar zu sein. Sei es einfach.

Ich gehe genügsam und zurückhaltend durch den Tag und nehme dankbar an, was sich mir zeigt. Ablehnung verscheucht Dankbarkeit. Ich lege mein Leben in die Hände des Vertrauens und fühle, dass ich dort bestens aufgehoben bin. Danke!

BEWUSSTSEIN

Das Prinzip von Bewusstsein ist die Grundlage allen Seins – ohne Bewusstsein kein Leben. Erst durch Bewusstsein können wir uns einer Sache oder unserer selbst bewusst sein. Wenn du dich nicht ständig vom Strom der Geschehnisse mitreißen lässt, wird das Leben leichter.

Heute mache ich mir bewusst, dass es meine Sinne sind, die durch ihr ewiges Umherschweifen Unruhe stiften. Ich konzentriere mich auf den Moment und bin mir meiner selbst voll bewusst, während ich das Leben lebe.
Ich bin vollkommenes Bewusstsein, ewig und frei.

LIEBE

Das Prinzip der Liebe sagt: Liebe ist nicht dies oder das, Liebe ist! Liebe genügt sich selbst und zeigt sich verschwenderisch, ohne etwas zu erwarten. Liebe ist an keine Bedingungen geknüpft, sie ist frei. Sie bezieht sich weder auf Personen noch Objekte, sie ist deren Ursprung.

Heute begegne ich allem offen, um darin Liebe zu entdecken. Ich gebe, ohne zu wollen, bin großzügig – auch mit meinem Lächeln und meiner Freundlichkeit. Respektvoll gehe ich durch den Tag und öffne mein Herz für alles, was mir widerfährt und begegnet.

KOMMUNIKATION

Das Gesetz der Kommunikation besagt, dass alles ein Austausch ist. Alles kommuniziert – auch Pflanzen, Bäume und Tiere sind miteinander vernetzt. Alles, was ist, ist miteinander verbunden und abhängig voneinander. Du bist niemals allein, immer all-eins!

Ich verstecke mich nicht, sondern bemühe mich um einen regen Austausch und soziale Kontakte. Meine Mitmenschen sind mir nicht egal. Füreinander da zu sein und Fürsorge sind mir wichtig. Auch die Natur und ihre Lebewesen sind mir nicht gleichgültig. Alles ist eins.

JETZT

Das Gesetz vom Jetzt pulsiert im Jetzt, denn es ist der Augenblick selbst. Jetzt kennt keine Zeit, es ist die ewige Präsenz, die alles sieht und jede Form von Leben ermöglicht. Veränderung geschieht immer jetzt. Das Jetzt ist das Ergebnis von gestern und formt das Morgen.

Der richtige Zeitpunkt ist jetzt.
Deshalb entscheide ich mich jetzt, den
Augenblick bewusst wahrzunehmen,
voll auszukosten und nicht zu
vergeuden. Wenn meine Gedanken
abschweifen, kehre ich ins Jetzt
zurück, wo meine Heimat und
Erfüllung sind.

IMAGINATION

Das Gesetz der Imagination besagt, dass die Welt von deiner Gedankenwelt gespiegelt wird. Du kannst diese Kraft zu jeder Zeit wohlwollend nutzen. Nicht nur Gedanken, auch Bilder sind kraftvoll und stark. Lässt es dein Lebensplan zu, wird alles, was du dir vorstellen kannst, Wirklichkeit werden.

Ich visualisiere mit all meinen Sinnen mein Ziel, und zwar so, als ob es schon eingetroffen wäre. So wird es zur Realität. Ich bin der Schöpfer meiner Wirklichkeit. Alles, was zu mir gehört, darf sich jetzt entfalten und verwirklichen. Dankbar nehme ich es an.

HINGABE

Das Gesetz der Hingabe besagt, dass alles mit großer Selbstverständlichkeit erledigt wird. Unterscheide nicht zwischen guten und schlechten Tätigkeiten, sondern nimm sie einfach an. Hingabe ist keine Untertänigkeit, sondern ein lebendiges Wirken, das Großes bewirkt.

Ich nehme Tiere, Menschen, Bäume und Pflanzen bewusst mit dem Herzen wahr. Ich lege Eigensinn und Selbstbezogenheit ab und stelle mich nicht mehr in den Vordergrund. Das Allgemeinwohl ist mir genauso wichtig wie mein eigenes Wohl. Ich liebe das Leben und es liebt mich.

HEILSEIN

Das Gesetz vom Heilsein bezieht sich nicht auf physische, sondern auf geistige Gesundheit. Geistige Frische zeichnet den aus, der mit sich im Reinen ist und sich weder in Worten noch Gedanken oder Taten gegen andere richtet. Er bleibt bei sich und lässt Leben geschehen.

Ich erwache zu mir selbst und erkenne,
dass alles, was geschieht, richtig ist.
Es kann nicht anders sein, weil es mir
entspricht. Heile Gedanken und Taten
erzeugen einen Zustand, den man
Heilsein nennen könnte.
Ich fühle mich wohl.

HARMONIE

Das Gesetz der Harmonie besagt, dass Disharmonie von dir ausgeht. So wie du dich bettest, so liegst du. Das hast du schon einmal gehört, aber ab und an ignorierst du das. Nicht die Umstände sind disharmonisch, sondern deine Einstellung. Ändere sie.

Ich versuche, tiefer zu schauen und ungute Momente und Begegnungen nicht gleich zu kritisieren. Ich schaue bei mir nach, was es mit mir zu tun haben könnte. Was will es mir sagen? Alles ist eine Spiegelung meiner selbst und die Lösung finde ich dort, wo Probleme entstehen: in mir.

GNADE

Das Prinzip der Gnade besagt: Was auch immer geschieht, geschieht nur zu deinem Besten. Nimm es einfach an und frag nicht nach dem Warum. Wäre die Gnade nicht überall, so wäre das ziemlich grotesk. Was auch immer geschieht, ist gnadenvoll, so lautet das Gesetz.

Ab sofort will ich alles, was mir widerfährt, als Gnade erachten. Ich sage mir: Es zu meinem Guten. Es hat seine Richtigkeit. Ich vertraue darauf, dass mich jede Situation stärkt und mir selbst näherbringt. Die Gnade lässt Schweres dahinschmelzen und schenkt mir Leichtigkeit.

GLÜCK

Das Gesetz vom Glück besagt, dass jeder Mensch Anrecht darauf hat. Es ist sein Geburtsrecht und jeder erfährt es, wenn er sich dafür öffnet. Glück ist nicht an Emotionen oder Ereignisse gebunden, es gründet in sich selbst. Ohne Grund glücklich zu sein, ist ein hohes Ziel. Strebe danach!

Das Leben ist mir wohlgesonnen.
Es hat alle Hände voll zu tun, mir mein
Glück hinterherzutragen. Irgendwie
scheine ich nie zu Hause zu sein und
gedanklich anderswo herumzuirren.
Ich bleibe zu Hause in mir und
öffne mein Herz, damit Glück
einziehen kann.

SCHICKSAL

Das Prinzip des Schicksals besagt, dass vieles vorgegeben ist. Schicksal ist kein Zufall oder dein Gegner, es ist eine Richtung, die zwar vorgezeichnet ist, die du aber jederzeit ändern kannst. Überlege dir gut, was du dir wünschst, es könnte in Erfüllung gehen.

Ich hadere nicht mit meinem Schicksal,
denn es ist mein Freund. Es präsentiert
mir all das, womit ich Erfahrungen
sammeln darf. Ich bin hier, um mich zu
entwickeln, und dazu braucht es genau
diese Erfahrungen, denen ich mich
furchtlos stelle – voller Vertrauen, und
zwar jetzt.

RHYTHMUS

Das Prinzip des Rhythmus besagt, dass alles seine eigene Ausdrucksform hat, die sich in einem gewissen Rhythmus zeigt. Gezeiten, Jahreszeiten, Sonne und Mond haben ihren Rhythmus, genau wie du. Diesen bringst du in die Welt mit und er muss sich im Rhythmus der Welt einfügen.

Ich höre auf meinen Rhythmus und gestatte mir, ihm nachzugeben. Ich nehme mir nichts vor, sondern lasse es geschehen. Ich bestimme nichts, weder die Dauer des Schlafs noch irgendwelche Absichten, denn wenn ich dem Rhythmus folge, wird alles gut.

RESONANZ

Das Prinzip der Resonanz bezeugt die Anziehungskraft und basiert auf Schwingungen. Was gleich schwingt, findet zueinander, alles andere stößt sich ab. Womit du in Resonanz gehst, ist eine Erfahrung wert, sonst hätte es nicht zu dir gefunden. Stoß es nicht von dir, sondern nutze es als Chance zur Befreiung.

Ich bin liebevoll und ziehe Liebevolles
in mein Leben. Jetzt ist der richtige
Zeitpunkt, Verantwortung für
mein Leben zu übernehmen, Haltung
zu bewahren und aufrecht
durchs Leben zu gehen.
Alles hat seine Richtigkeit.

WOHLSTAND

Das Prinzip des Wohlstands besagt, dass dir alles zum Wohle steht. Wohlstand wird oft mit finanziellem Reichtum verwechselt. Du darfst ruhig reich sein. Sofern du keine Bindung an Besitz entwickelst, spricht nichts dagegen. Genieße, in vollen Zügen, was du hast!

Ich lebe im Wohlstandsbewusstsein und bin mir bewusst, dass mein Wohlgefühl und mein Wohlwollen – meinen Mitmenschen und dem Leben gegenüber – auch meinen Wohlstand prägt. Ich bin der ganzen Welt wohlgesonnen und fühle mich in ihr wohl.

WIRKLICHKEIT

Das Prinzip der Wirklichkeit besagt, dass es nur eine gibt, die man als wahrhaftig bezeichnen kann. Es gibt so viele Realitäten, wie es Menschen gibt, sie aber sind persönlicher Natur. Die eine Wirklichkeit ist die Quelle der Materie und vollkommen unpersönlich.

Ich lebe in der Wirklichkeit meines Selbst und öffne mich ihrem Glanz. Ich bitte darum, mich als sie zu erfahren. Ich stelle meine persönlichen Meinungen und Interpretationen hintenan. So kann ich Missverständnisse vermeiden und ganz und gar im Licht der Wirklichkeit leben.

WIEDERGEBURT

Das Prinzip der Wiedergeburt besagt, dass wir in einen Kreislauf eingebunden sind. Ursachen erzeugen Wirkungen (Karma) und lassen uns immer wiederkommen, damit wir uns endlich auf das Wesentliche rückbesinnen. Karma ist wie ein Gedächtnis, das nichts vergisst und immer einen Ausgleich schafft.

Ich vergeude keinen Augenblick mehr, da jeder einzelne kostbar ist. Ich bin mir der Wirkungen bewusst, die mein Dasein und all meine Taten verursachen. Ab sofort werde ich noch bewusster leben und rücksichtsvoll sein.

WERTSCHÄTZUNG

Das Prinzip der Wertschätzung besagt, dass es nichts gibt, was wertlos ist. Auch gibt es nichts Wichtiges oder weniger Wichtiges, außer du sieht es so. Alles hat seinen Wert und somit gebührt allem deine Wertschätzung.

Jedes Lebewesen hat ein Recht auf Leben, und jede Lebensweise, egal, welcher Art, verdient Respekt. Ich wertschätze das, was mich umgibt. Dankbar nehme ich an, was mich begleitet. Alles, was sich auf meinem Lebensweg zeigt, hat meine volle Anerkennung verdient.

WERDEN

Das Prinzip vom Werden besagt, dass alles vergänglich ist. Alles kommt und geht, nichts ist ewig, außer das unsichtbare eine, das sich nicht erklären und benennen lässt. Wahres Werden obliegt nicht der Vergänglichkeit. Das Werden mündet in Rückbesinnung an das Höchste in uns.

Ich erinnere mich an meine Ursprünglichkeit. Ich versuche, nichts mehr zu werden, sondern entdecke, was ich schon längst bin. Im eigentlichen Werden aber liegt das Wachstum, das mich reifen lässt. Ich vertraue auf die eine Kraft und lasse mich leiten. Alles wird gut!

POLARITÄT

Das Prinzip der Polarität besagt, dass alles aus zwei Polen besteht, die sich gegenseitig bedingen. Wenn alles in zwei völlig entgegengesetzte Richtungen aufgespalten wird, trägt jedes Teil immer noch das Potenzial des anderen in sich. Zwischen Minus und Plus liegt der Raum der Neutralität, das Portal der Liebe.

Ich erlaube dem Positiven und Negativen, mit mir zu sein. Ich verliere mich weder in der Freude noch im Leid und tauche in die Stille dazwischen ein. Gegensätze sind kein Problem, sondern notwendig. Ich sorge mich nicht!

WANDLUNG

Das Prinzip der Wandlung besagt, dass nichts gleichbleibend ist. So wie der Fluss immer anderes Wasser trägt, so neu ist jeder Augenblick, den du frei gestalten kannst. Wandle dich zum Guten! Entscheide dich für Respekt, Fürsorge und Sorgfalt, dann fließt auch du deiner Bestimmung zu.

Ich entscheide mich, liebevoll zu sein und mein Leben in die Hand zu nehmen. Ich bin bereit, Veränderung zuzulassen. Ich nehme die Herausforderungen an, ganz gleich, was mein Verstand dazu sagt. Mein Herz ist offen für alles und weiß, dass alles zu meinem Besten ist.

WAHRHEIT

Das Prinzip der Wahrheit besagt, dass es nur eine Wahrheit gibt, und die ist universell. Diese Wahrheit lässt sich nicht wissen, sondern nur unmittelbar erfahren. Die Wahrheit gründet in sich selbst und hat nichts mit herkömmlichem Wissen zu tun. Sei wahrhaftig.

Ich folge dem Weg der Wahrheit,
bin aufrichtig, offen und ehrlich.
Ab sofort öffne ich mich der einen
Wahrheit und lasse mich nicht mehr
von Unwahrheiten blenden und
verleiten. Es gibt so viele Wahrheiten,
wie es Menschen gibt, aber nur eine
Wahrheit, die sich selbst genügt.

VOLLKOMMENHEIT

Das Prinzip der Vollkommenheit besagt, dass alles vollkommen ist. Alles ist aus Vollkommenheit geboren und hat sich durch die Aufspaltung in der Unvollkommenheit verirrt. Diese Verirrung ist ein großes Missverständnis, das es zu klären gilt.

Im Grunde meines Herzens bin ich vollkommen. Mein Verhalten ist ab und an fehlerhaft, aber das ist menschlich. Ich bemühe mich, Fehler nicht zu wiederholen, und bin im Reinen mit mir. Die gute Absicht ist ein perfekter Beginn. Ich weiß, dass ich geführt bin und mir keine Sorgen machen muss.

VERGEBUNG

Das Prinzip der Vergebung besagt: Verzeihen wirkt Wunder. Vergib zuerst dir selbst und dann dem anderen. Vergib dir, dass du kritisiert hast, auch wenn du im Recht warst. Begegne deinem Gegenüber mit Liebe und du wirst sehen, dass er so handeln musste, damit du dich der Liebe öffnen kannst.

Ich vergebe mir meine Unwissenheit
und Selbstbezogenheit. Nie mehr will
ich anderen schaden, sie beschuldigen
oder gegen sie vorgehen. Ich schaue auf
mich selbst und hinterfrage, was mir
die Situation sagen will. Einsicht wirkt
befreiend und ich bin bereit,
einsichtig zu sein.

URSACHE UND WIRKUNG

Das Prinzip von Ursache und Wirkung besagt, dass allem, was geschieht, eine Ursache vorangegangen ist. Nichts geschieht umsonst, alles hat seine Berechtigung. Du bist die Ursache für dein Leben, denn du selbst formst es aus und gestaltest es.

Alles kehrt zu mir zurück. Ich bemühe mich, niemanden zu verletzen, unbedacht zu handeln und zu denken. Ich bin mir der Auswirkungen von Fürsorge und Menschlichkeit bewusst und optimiere meine Gewohnheiten und mein Verhalten.

URTEILEN

Das Prinzip des Urteilens besagt, dass ein Urteil eine Meinung ist, die 0 Prozent über das Verurteilte, aber 100 Prozent über den Urteilenden aussagt. Das Problem steht dir nie gegenüber, du bist es selbst. Jedes Urteil kommt zu dir zurück. Beschwere dich nicht, wenn es dich dann bekümmert.

Wer bin ich, dass ich über andere richte? Bin ich makellos? Bin ich besser, nur weil ich anders bin? Ich urteile nicht und lasse alles so sein, wie es ist. Ich muss mich nicht um das kümmern, womit ich nicht einverstanden bin, sondern um meine eigenen Unzulänglichkeiten.

UNENDLICHKEIT

Das Prinzip der Unendlichkeit lässt sich nicht erklären, da wir alle unendlich sind. Wir sind viel mehr, als wir denken und vermuten. Wer sich nur auf den Körper beschränkt, wird Unzufriedenheit schüren. Schau über den Tellerrand hinaus, dorthin, wo deine eigentliche Heimat ist.

Ich bin unendlich dankbar, dass es mehr zwischen Himmel und Erde gibt, als ich mir vorstellen kann. Mein Herz spürt diese Kraft tief in sich und vertraut darauf, dass es auf den Weg zurück zu sich selbst geborgen, behütet und begleitet ist.

ÜBERFLUSS

Das Prinzip vom Überfluss besagt, dass alles in Hülle und Fülle vorhanden ist. Das Leben hat so viel zu bieten. Verursache Überfluss, indem du selbst im Fluss bist und mit dem Strom des Lebens schwimmst. Öffne alle Schleusen, denn du allein entscheidest, wie viel zu dir fließt.

Ich bin Fülle. Ich fließe mit dem Leben und nehme voller Dankbarkeit entgegen, was mir zusteht und mich beglücken will. Ich stoße nichts zurück, lehne nichts ab und gehe mit offenen Augen durch die Welt. Was zu mir kommt, ist gut. Ich erlaube, dass alles sein darf.

ZUVERSICHT

Das Prinzip der Zuversicht besagt, dass es keinen Grund gibt, dem Leben nicht zu vertrauen. Der Ablauf der Dinge hat seine Ordnung, und wenn du weißt, dass es kein Falsch und kein Richtig gibt, wirst du der Zuversicht ganz nahe sein.

Ich bin voller Zuversicht, was mein weiteres Leben betrifft, weil ich es ohnehin nicht ändern kann. Die Dinge geschehen, sie kommen und gehen und ich bin mittendrin. Warum also sollte ich nicht vertrauen? Es gibt keinen Grund, um verzagt oder mürrisch zu sein. Ich vertraue!

SCHWINGUNG

Das Prinzip der Schwingung besagt, dass alles in Bewegung ist, nichts steht still. Energie ist immer in Bewegung und alles ist Energie – auch du. Das Leben mit all seinen Inhalten und Vorkommnissen ist Schwingung pur. Kannst du sie spüren?

Wer das Gesetz der Schwingung beherrscht, meistert auch das Leben.
Ich gehe spielerisch und leicht durch den Alltag und nutze mein Potenzial. Ich schwinge mich mit dem Leben empor, das lebenswert, einzigartig und freudvoll ist.

SEGNUNG

Das Prinzip der Segnung besagt, dass alles ein Segen ist, alles gesegnet ist. Alles steht in Obhut der höchsten Macht. Für jeden ist gesorgt. Niemand ist benachteiligt, niemand bevorzugt. Jeder hat seiner Entsprechung nach sein Leben zu erfüllen, und das Gesetz der Segnung hilft ihm dabei.

Ich segne mein Leben und genieße es. Leichtigkeit kehrt in mein Leben ein. Ich bin ein Segen für die Welt, und alles, was geschieht, ist ein Segen für mich. Ich bin dankbar, dass ich am Leben teilnehmen darf, und für all diese Gaben, dir mir bereitstehen und mir meine Aufgaben erleichtern.

REALITÄT

Das Prinzip der Realität besagt, dass unzählige Realitäten erscheinen, aber es nur eine Wahrheit gibt.
Was wir glauben, wird zu unserer Realität. Überzeugungen erschaffen deine Welt und in diesem Weltbild bist du gebunden. Entbinde dich, auch wenn es noch so real erscheint.

Ich vertraue der höchsten Realität, die mein Leben lenkt. Ich stelle meine persönlichen Wünsche und Vorstellungen hintenan und öffne mein Herz der Liebe. Sie ist die einzige Wirklichkeit. Alle anderen Realitäten bewerte und kritisiere ich nicht, weil ich mit mir im Reinen bin.

SEIN

Das Prinzip vom Sein besagt, dass im Sein alles vorhanden ist. Das Sein ist das Unbeschreibliche – es ist rein, unvergänglich und ewig. Es ist unsere Natur. Auch wenn sich die Welt aufspaltet und als Vielfalt sichtbar wird, so ist sie in sich selbst doch unveränderlich gleich.

Ich bin vollkommenes Sein. Das Sein
ist Liebe und ich freue mich darauf,
Selbstliebe zu praktizieren. Heiter und
gelassen spaziere ich durch den Tag,
der voller Überraschungen ist.
Ich bin voller Glück und Freude.

SPONTANEITÄT

Das Prinzip der Spontaneität besagt, dass sie aus der Vernunft heraus geschieht. Alles ist unmittelbar und jeden Augenblick neu. Spontaneität ist etwas Universelles, das niemals versiegt und sich ganz natürlich zeigt. Sie kommt von innen und niemand kann sich ihr entziehen.

Ich will jeden Moment direkt handeln,
aber nicht unüberlegt. Aus meinem
Herzen heraus geschieht alles intuitiv.
Ich folge der Richtung, die mir meine
innere Stimme zeigt, und agiere,
bevor ich sie wahrnehme, da ich mit
ihr im Einklang bin. Spontanes
Handeln ist effektiv und heilsam.